JN410617

거기까지만 보고 왔다

거기까지만
보고 왔다

박창주 시집

세종출판사

序

시작이 있었으므로

끝이 있기 마련,

그동안 베풀어주신 厚意

고이 간직하며 떠납니다

존경합니다

2016년 가을

계천 박 창 주 절

차례

제1부 **눈동자**

13 … 눈동자
14 … 나, 세 들어 살 곳
16 … 한 방울의 이슬이
17 … 비겁자
18 … 빛나는 별
19 … 가을 산 빛
20 … 허공에 새기다
22 … 유수流水
23 … 아름다운 밤
24 … 내 그리움은
25 … 풀꽃
26 … 산정의 예시豫示
27 … 농무濃霧
28 … 풀이 내 몸에 뿌리를 내리고
29 … 우주의 자궁

제2부 먼 우레는 명치끝에 산다

나비를 만나다 … 33
산에서 그리움을 익히다 … 34
가을 서사序詞 … 35
바람꽃 … 36
가던 길에서 돌아보다 … 38
적막의 무게 … 40
산에서 사람을 만나다 … 41
먼 우레는 명치끝에 산다 … 42
천렵川獵 … 43
숨소리 … 44
사라질 세상 … 45
가벼운 존재 … 46
사랑의 이미지 … 48
열대야 … 49
어떤 이별 … 50
그리움이 나를 끌어안고 … 51

제3부 거기까지만 보고 왔다

55 … 아비 등짝은 언제나 가난하고 서러워
56 … 한천寒天
57 … 심우도尋牛圖를 그리다
58 … 길 밖에서
59 … 남해 다랑논
60 … 짧은 낮잠에서 긴 꿈을
61 … 적막은 힘이 세다
62 … 거기까지만 보고 왔다
64 … 산다화山茶花
65 … 위험한 밤
66 … 유배지流配地의 가을날
67 … 산이 내게 말하기를
68 … 고독
69 … 상강霜降 무렵

제4부 세 끼 밥 먹으려고

토굴 생활 … 73
인간말짜 … 74
윤회輪廻 … 75
동행 … 76
모른다 … 78
모른다 2 … 80
아지랑이 … 81
이름 … 82
세 끼 밥 먹으려고 … 83
바람같이 구름같이 … 84
물망초 … 85
움막 생활 … 86
이명耳鳴 … 87
꽃의 능력 … 88
강산보다 먼저 변한 세상 … 90
연꽃 … 92
배려配慮 … 93

제5부 **파계**

97 … 달빛 향기
98 … 맨밥 한 술
100 … 어려운 일
101 … 신선놀음
102 … 눈 내리는 밤에
103 … 사생결단
104 … 절벽 앞에서
105 … 순결
106 … 평생을 두고 사랑하고서도
108 … 향기
109 … 파계
110 … 선각자
112 … 기러기 떼
113 … 지금도 있다
114 … 자꾸 생각나는
116 … 이별 그 후
117 … 허공
118 … 백지 한 장

121 … 後記

제1부

눈동자

눈동자
– 산중설화山中屑話 1

산길을 가고 있는 나는
길섶의 한 포기 잡초에 불과하지만
깊은 산에서 만나는 암자는
뿌리박힌 바위,

나, 이 세상 떠나고 없어도
나를 지켜볼
산의 눈동자

* 설화屑話 : 자질구레한 이야기

나, 세 들어 살 곳

– 산중설화 2

하늘나라에 영롱한 영혼이 있어
지난밤 찾아와 울고 갔나
풀잎들마다 맑은 이슬방울이 매달렸다
그냥 단순한 물방울이 아니다
삼라만상을 품고 있다

눈을 들어 하늘 보면
풀꽃 향기 가득한데
찾아와 울고 간 영혼의,
그림자일까

내가 그리워서
밤마다 찾아와 서성이다 가는가

그 사람 뒤태를 닮은
구름 한 점 떠돌고 있다

나도 그립기는 마찬가지여서
오래지않아 저곳으로
세 들어 살러 가면
안쓰러워하는 눈빛으로
안아주는 이 있으리라

한 방울의 이슬이

– 산중설화 3

꽃송이 위에 이슬이 터억 걸터앉아 있다

그의 맑은 눈동자가 우주를 바라보고 있다

어느 한 왕조의 영화를 보는 것 같다

언뜻 바람 불어와 그 흔적을 지우는 것까지

비겁자

– 산중설화 4

나는
언제나 나에게 비겁자다
목소리 높여야 할 자리에서는 남의 눈치나 살피고
그도 불리하다 싶으면 슬그머니 뒤로 물러서고

내 시에 대해서도 그렇다
애써 썼으면 당당하게
마침표 한번 찍을 권리쯤 있을 것이다

시에 대해 책임지기 위해서라도
마침표는 옳은 행동일 것이나,
나는
아예 그 권리를 매번 포기한다
시가 아닐는지 모른다는 불안감에
변명의 여운이라도 남겨두자고,

책임을 회피한 나의 하루가 흘러가는 데는 아무 장애가 없다

빛나는 별
- 산중설화 5

하늘의 별이 흐리다고 투정부리지 마라

흐리게 보이는 것은 그대의 사랑이 흐린 탓이다

간절한 그리움의 눈물에 씻고 헹군 별이어야 빛난다

가을 산 빛
– 산중설화 6

홀로 산길 오래 걸어가면 생각이 많아지는데

도토리 한 알

잊은 듯 한참 만에 또 한 알

제 스스로 떠밀려 인연을 끊어버리는데

출가하는 게 아니라 세상 속으로 환속하는데

오늘밤, 엿보고 있는 저 다람쥐 초경이 시작되리라

허공에 새기다

– 산중설화 7

이름 있는 산을 타다가 시비詩碑들을 만났다

시비是非 걸자는 것은 아니지만

바위에 새겨진 이름이며 시구들이 낯설어 외면하는데

풍우가 씻고 다듬어 새긴 여백의 시화詩畵들

불후의 명작들이 아닌가!

눈을 뗄 수 없다

감탄 터트리는 나를 반겨 전율케 한다

내 이름으로 낙관 남기려다 그만 뒀다

이름 새겨 남긴들 무슨 의미가 있으랴

후세에 낯설어 할 얼굴인들 있으랴

저녁노을 고운 허공에 새겨 흔적을 지웠다

유수流水

– 산중설화 8

어둑발 내리는 개울가에 앉아서
흐르고 흘러가는 물을 바라보네
흐르고 흘러가는 세월이 보이네
나, 여기 산골에 와 머문 지
어언 3년, 그것도 되돌아볼 때만 보이네
유수 같은 세월이 흘러갔네
유수 같은 세월이 흐르고 있네
붙잡을 사이도 없이
떠나간 사랑같이
아득하여라

아름다운 밤

– 산중설화 9

한 접시의 산나물과 한 사발의 석간수로
헛헛증을 달래고 별빛 마중을 나서본다

밤하늘에 별들이
반지르르 기름 흐르는
햅쌀밥 한 솥이다

저 별들이 없다면
내 고독 더욱 캄캄하리
그대 이 세상에 없다면
내 절망 더욱 참혹하리

내게 밤하늘이 있고
별이 있고 그대가 있어

가난마저 아름다운 밤이다

내 그리움은

– 산중설화 10

나들이객 다 돌아간 텅 빈 강변,
능수버들 한 그루가 긴 머리채로
수묵화를 그리고 있다

진채眞彩가 잘 되지 않는지
쓸쓸히 스러지는 저녁노을
빈 의자에 몸 뉘이듯 기대앉아 있다

내 작은 그리움이 큰 그리움에게로 잠겨 가면서
의자는 한 채의 빈 그네,
달빛 한숨 은은하게 흔들리고 있다

초승달 고운 눈썹
서녘하늘에 떴다 사라지고
만리 밖 나비 한 마리
날개를 접는다

풀꽃

– 산중설화 11

누구의 이심전심으로 왔나
山寺로 가는 길에 작은 풀꽃 한 송이
내게 할 말이라도 있는지
피어서 웃고 있는 얼굴인데
천년만년 흘러가도
잊어서는 안 될 언약이라도
우리 사이에 있었던가
나는 잊었을까, 잊어서
천하태평으로 꽃놀이나 가는지
풀꽃은 눈 흘기듯 피어서
저 홀로 길을 밝히고 있네

산정의 예시豫示

– 산중설화 12

구름을 보면 바람의 길이 보인다

느릿느릿 가다 말고 길을 찾는 바람이
힘겹게 산을 오르는 나를
산정에서 굽어보고 있다

꿈을 깨도 꿈에서
손을 내밀어도 잡아주지 않는
무심한 눈빛으로 지켜보고 있다

다시 둘러보면
길 잃은 구름만 멀뚱한 산정山頂이다

농무濃霧

– 산중설화 13

밤새 뜻으로 내린 비가 뜨겁다

바람이 안개를 불러 모은다

능선이 안개에 가랑잎처럼 떤다

한 잎 풀잎 같다

떨림은 메아리보다 빠르게, 멀리 번져가고 있다

문득, 산이 사라지고 나 홀로 남았다

생사마저 망실忘失한 곳에 내가 흔들리고 있다

풀이 내 몸에 뿌리를 내리고

– 산중설화 14

지난밤 큰비 지나갔다

옹달샘 가에 풀들이 살까지 훤히 내놓고 있다

뿌리들이 물속에 발 디딜 곳을 하염없이 찾고 있다

엎드려 물을 마시자 풀의 향기가 물과 함께 내 몸속으로 들어왔다

가슴속에, 머릿속에 저릿저릿 번져간다

풀이 내 몸속 구석구석에 실뿌리를 뻗고 있다

우주의 자궁
– 산중설화 15

나를 끌어올린 산길이 산정에서 허공에 뜨고 말았다

잃어버린 그 길은, 미구에 찾아낼 그 길은 하늘로 가고

땀 흘리며 오른 길은 마을에 닿아 있어

우주의 탯줄 끝에 집들이 옹기종기 모여 있다

사람들이 모여 사는 곳,

따사로운 우주의 자궁 !

제2부

먼 우레는 명치끝에 산다

나비를 만나다
– 산중설화 16

나비 한 마리
새에게 쫓겨
이 꽃에서 저 꽃으로
날아가고 있다

접혀졌다가 펼쳐지는
이승과 저승의 거리를
몇 번이고 반복하고서야
겨우 도달한
피안의 세상,

그곳으로

길을 잃고
할딱이며 찾아가고 있는 나를
나비가 보고 있다

산에서 그리움을 익히다

– 산중설화 17

초저녁에 늦가을 비 쏟아지더니
밤 깊어지면서 별이 총총하다

뼈끝 시리도록 춥다
파리하게 얼어 죽어가는
별 하나
눈에 실린다
가까운 듯 아득해서
그곳까지 나는
살러 갈 수 없을 것 같다

가슴이 뜨거운 이승의 당신이 그립다

가을 서사序詞
– 산중설화 18

바람 냄새가 싱그럽다

뒷그림자 없는 하늘이 맑다

그가 취한 것은 세상 전부였으나

그가 남긴 것은 가난한 시인의 이름뿐이다

주옥같은 시편詩篇들은 주인 잃고 단풍 빛으로 지고 있는데

그는 우주의 모퉁이에서 사랑을 떠나보내며 울고 있나

저녁놀이 소리 없이 뚝뚝 눈물 흘리고 있다

가슴 하나로 그를 상대하기란 어림없는 일,

나는 벌써 만신창이가 되도록 찢어 싸매고 있다

바람꽃

– 산중설화 19

사랑을 보내고
괴로운 마음 달래려고 산을 오르는데
마지막 전언이라도 있었던지
내리는 늦눈에 바람의 냄새는 봄,
봄의 냄새를 바람은 흘리고 있었네
눈은 내리면서 눈앞에 얼른거리는
내 사랑의 얼굴, 애잔한 눈빛으로 웃고 있었네
바람꽃, 꿩의바람꽃*으로 웃고 있었네
너만 바람꽃이냐
너만 너도바람꽃*이냐
나도 이 봄에 사랑의 괴로움을 앓느니
나도바람꽃*,
아무도 봐 주는 이 없는
이 쓸쓸한 산에
이 외진 골짜기에
너도 나도 함께
사는 듯

고대 지고 말 바람꽃

* 꿩의바람꽃 : 꽃말, 금지된 사랑. 사랑의 괴로움. 덧없는 사랑
* 너도바람꽃 : 꽃말, 사랑의 괴로움. 사랑의 비밀
* 나도바람꽃 : 꽃말, 비밀스런 사랑

가던 길에서 돌아보다

– 산중설화 20

이정표도 없는 길을 걸어왔다

누구에게 끌려오지 않았지만 쫓기듯 달려온 세월,

숨쉬기조차 쉽지 않았다

뿌리친 것은 아니지만 스스로 물러간 날들을 망연히 바라보는데

사랑하는 이 그리운 이 아무도 보이지 않는다

나만 홀로 어디로 가고 있는지

가고 있는 길이 맞기나 한지

누구에게 물어볼 수도 없다

어느새 날은 저물어 오고,

가야 할 길이 남아 있는 듯 한데 보이지 않는다

여기서 짐을 풀어야 하는가

여기가 어딘지조차 모르는 곳에서

적막의 무게

– 산중설화 21

1

산을 타기 위해 배낭을 꾸린다

배낭 하나에 내 인생 전부를 담았다

천근만근의 무게다

2

산이 떠나지 못하고 자리 지켜 있다

말없는 큰 바위 때문이다

우주를 바라보는 눈동자,

산 한 채를 등에 지고 시름에 젖어 있다

산에서 사람을 만나다
– 산중설화 22

가야 할 산은
열흘 동안 떠돈 산보다
더 높고 더 멀고 더 아득한데

어둔 마음 골짜기에
그림자가 다가오고 있다

길은 아직도
단애 끝에 아슬하다

먼 우레는 명치끝에 산다
- 산중설화 23

사랑을 떠나보내고 돌아온 날

하늘에 산다는 먼 우레가 명치끝에서 우는 소리를 들었다

천렵川獵

– 산중설화 24

산골에 와 살면서 마음 붙일 데 없어
산과 들을 미친 듯이 싸돌아다닌 때 있었다

그때
내 마음 살짝 꼬셔준 게 있었으니,

꼬리치는 걸 보면서 외롭던 내 영혼이
그만 회가 동하고 말았다

시퍼런 하늘을 이부자리로 깔아놓은 봇도랑에서
나는 홀라당 벗고 팬티바람으로 덤벼들었다

살랑살랑 꼬리치며 내빼는 꽁무니 따라
애원하고 사정하는 자세로 두 손 벌리고 따라다녔다

그렇게 그해 여름을 보냈다

숨소리

– 산중설화 25

밤이 되면서
온 산이 숨소리로 가득 찬다
낮에는 들어보지 못한 소리들이다

밤 깊어 은한이 삼경,
단잠에 빠진 산이
내 몸에 팔과 다리를 얹어온다

종일 고단했으나 훠한 내 마음,
그의 가슴에 얼굴 묻고
그의 잠을 배운다

내 숨소리가 그의 잠을 깨우지 않았으면 좋겠다

사라질 세상

– 산중설화 26

지난밤 내린 비로 웅덩이에 물이 고였다

근심으로 떠돌던 먹구름이 얼굴 씻고 지나간다

깊어져 아득한 여름 산에 매 한 쌍이 거꾸로 날고 있다

저 빗물 스러지면 사라질 세상에 하루살이 떼가 사랑을
나누고 있다

가벼운 존재
– 산중설화 27

해 저무는 소리에
세상이 먹먹하다
이 소리 사라지면
이 세상에 나는 있고 없고,

자리 한번 뜬 일 없는 산마저
그림자로 남는 밤이 오고,

물속에도 길이 있어
달이 침묵으로 찾아오는데

나는 누구의 가슴속에 뜨는 별이 되고자
이 적막한 산속을 떠도는 것도 아니면서

태초의 바람 냄새나 맡으며
누구를 기다리는 것도 아니면서

나는 무엇인가,
화두처럼 붙들고 놓지 않지만

누구의 기다림이며 그리움도 아니어서
적막보다 가벼움을 알겠네

사랑의 이미지

– 산중설화 28

눈매 고운 저녁놀 아래
하루 일 끝낸 새 한 마리
해 지는 쪽으로 날아간다

마음속 바람벽 암각화
금이 가는 얼굴

노을 스러지면서
한 세월 사라지고
한세상 저문다

열대야

– 산중설화 29

만월도 덥게 느껴지는 밤

푹푹 찐다는 말,
성질 괄괄한 푸성귀를 가마솥에 삶는다는 말,
무엇이 나를 기죽이기 위해 찌고 있나

환장할,

미치지 않는다면 내가 사람이 아니거나
나를 찌고 있는 그 무엇도 제정신이 아닐 것이다

열을 가라앉혀보자고 낚시도구 챙겨 찾아온 소류지
어 시원하시겠다, 저 만월
못물 한가운데서 느긋하시다 그러나
투승점으로 점찍어놓은 내 낚시 포인트 !

또 짜증이다
일그러지는 만월

어떤 이별
- 산중설화 30

눈 내린 날 첫 아침 촘촘히 눌러 찍은 발자국, 얼마나 번민하며 갔을까

그저 고개만 숙이고 갔음이 분명하다 서성인 흔적이 없다

선명하다 마음 다져먹느라고 애썼으리라

홀로 걸어갔다 눈물 뿌리며 갔음에 틀림없다

해 뜨고, 발자국마다 눈물 고여 오르고 있었다

따지러 왔다 갔을까 애원하러 왔다 갔을까

알아보러 나섰다가 언덕배기 앞에서 놓쳐버린 발자국,

싸늘한 하늘에 예쁜 새 한 마리 날아가고 있었다

그리움이 나를 끌어안고

– 산중설화 31

그리움까지 가는 길은 수평선보다 멀다

언제나 내게 적막한 세상을 베푸는 지기知己이지만

언제나 나를 끌어안고 먼 데로만 떠도는 유랑자

나

찾아서 헤매지만 한번도 소원성취는 없었다

언제나 나를 고달프게 하는

언제나 나를 슬프게 하는

언제나 나와 함께 하는

제3부

거기까지만 보고 왔다

아비 등짝은 언제나 가난하고 서러워
— 산중설화 32

산을 타다가
하룻밤 묵어갈 자리를 찾는데
펑퍼짐한 바위 한 채 눈에 들어온다

듬직하게 엎드려 누운
저 등짝에 얼굴 붙이고
참회 없이도 울고 싶다

등 돌려 누운 밤,
잠은 오지 않지만
가난한 밤은 오고 있었다

한천寒天

– 산중설화 33

집을 버린 새들이 차가운 하늘을 이불 삼아 뒤집어쓰고 거침없이 날아가는데 움막집도 집이라고 가진 탓일까 천지간에 갈 곳 없어 시려오는 내 눈에 가득 찬 겨울 하늘

심우도尋牛圖를 그리다

– 산중설화 34

백두대간 타다가 길을 잃었다
봄비 뚫고 산정에 올라
걸어온 길과 가야 할 길을 찾는데
안개가 세상을 지운다

능선들은 격랑의 파도를 넘는
조각배처럼 보이더니
몰려가는 소떼들의 잔등이다

불러도 돌아보지 않는다

등 뒤에서 누가 나를
한 마리 송아지 보듯 보고 있나
아무 소리도 들리지 않는다
걸어온 길만 되새김질해 본다

길 밖에서

– 산중설화 35

오는 사람 가는 사람 없이
저무는 산골짝에 비 온다

움막집도 집이라고 창문에 기대어
세상으로 나가는 길 눈에 들어

오는 비에 살아가야 할 날들이 젖는데
오는 비에 살아온 날들이 무거워

나만 뒤쳐져서
나만 내몰려서

길 밖에서
오는 비 맞는다

남해 다랑논
– 산중설화 36

무작정 떠돈 발길이 제단 앞에 섰다

하마단으로 가는 길에 만났던 사막의 층층 모래 계단들

수행자들의 고요한 발걸음이 오르내렸는데

한 무리 백로 떼처럼 고독해 보였는데

부신 햇볕 아래 흰옷의 조상님들로 현현顯現하시니

아, 드디어 하마단 !

절로 무릎 꿇어지느니 -

짧은 낮잠에서 긴 꿈을

– 산중설화 37

언제 적 얘기를
긴 생각 몰아 내리는 비

숲이 젖는다
젖으면서 우는 숲

상여를 따르면서
질펀하게 젖도록
울던 사람들

저 비 그치면
적멸처럼 눈이 내리고

내 몸에도 내려
지워질 세상

적막은 힘이 세다

– 산중설화 38

산골에 갇혀본 자라야 적막의 힘을 안다

골[谷]을 흔들며 흘러가는 개울물 소리에
적막 깊은 줄 알겠고

장맛비 끝났다고 고추매미 고고성 울려도
그 소리도 적막의 일족一族일 뿐이고

그리움 잔뜩 부풀리는 뭉게구름
그도 적막 앞에서는 속수무책이고

들리는 것 보이는 것, 그리고 갇혀 있는 것 모두
적막을 위해 하루를 견디는 것들이어서

적막은 힘이 세다는 것을 산골에 갇혀서야 알았다

거기까지만 보고 왔다
– 산중설화 39

화전火田을 일구며 살았을까

푸른 빛 별나라에서 산을 타다가 만난 폐가 한 채,

낯가림을 하나, 무슨 부끄러움이라도 들켰는지 우거진 수풀 속에 반쯤 엎드려 있다

찾아오는 사람도 없었나, 울도 담도 없다

허물어진 벽 사이로 살짝 엿본 세상,

아랫목에는 더운 땀에 절었던 옷가지들 어지럽고

윗목 등잔대는 밤마다 가시버시 사랑이 부러워서 들기름 불 가슴앓이 소리로 지지직 지지직 타올랐을 것이다 그리고

고독이며 그리움을 감치고 꿰매어 쟁여놓은 반짇고리,

베갯모 한 쌍 봉황은 어디로 날아가 버리고 희미한 그림자만 남아 있다

더 머물러봐야 닫혀 있는 문 열리지 않을 것이다

눈 내리깔고 저무는 적막 한 채 우주,

거기까지만 보고 왔다

산다화山茶花

– 산중설화 40

어찌할까,
숨 막히는 이 침묵을
핏빛 이 적요를

아, 가슴이 아프다

피를 토하며
목숨 내려놓는
산다화 꽃봉오리들

큰 짐승 같은 능선稜線도 울지 못하고
자진自盡한 듯
잠든
봄날

위험한 밤

– 산중설화 41

달빛 입술이 가만
달맞이꽃잎에 입 맞춘다

그리움 끌어안고 잠들지 못하는 밤
나도 사랑 한번 하고 싶지만,

꽃봉오리 속에 젖을 빨며 잠든 말벌
눈치 챌까 두렵다

유배지流配地의 가을날

– 산중설화 42

다랑이 콩밭에 껍질째고 달아나는 콩알 하나,

가을 햇살 찢는 소리 날카롭다

그 소리 어디까지 찢으며 가나 가만히 눈길 따라가는데

우주의 심장에 실금 번지고 있다

껍질이 째지지 않으면 곡식이 아니다

나도 이제야 사람 되고자 가슴에 금이 가는지 원뢰遠雷처럼 아픔이 번지고 있다

산이 내게 말하기를
– 산중설화 43

산이라는 말 들으려면 잔소리 많은 본마누라처럼 사시사철 물소리 내는 개울 하나쯤 거느려야 하고
천문을 볼 줄 몰라 법문 따윈 관심 없어도 숨겨둔 애첩이듯 작은 암자 하나쯤 품을 줄 알아야 하고
미물들을 거둬 먹이고 재워줄 줄 알아야 하고
아암, 알아야 하고말고, 그래야 그게 산의 근본이라
산에 의탁하러 왔다고 생각하지 말라 하네
허여許與된 것을 이제야 찾으러 온 줄 알고 있다고

고독

– 산중설화 44

목마르고 땀나는 산길에서 만난 골물,
애타게 그리는 여인같이 여리다
비죽비죽 잘 울지만 그래도
심지 깊은 데는 있어
산의 자궁인 줄 누군들 모르랴

경배하듯 접족례 올리며
감로수를 마시는데
고독을 광배光背로 거느린 내가
나를 보고 있다

내 떠나고 나면
저 고독,
해종일 혼자 울겠지

상강霜降 무렵

– 산중설화 45

소슬하게 찬바람 일면서 알갱이 없이 쭉정이를 취하는 것으로 내 산골 한해농사 마무리하는데

하루를 굶은 허기처럼 풀들은 빛을 잃어 가는데

무슨 기별이라도 올 것만 같은 기다림으로 짧은 하루해 길게 기우는데

내가 할 수 있는 거라곤 울컥, 치미는 슬픔이나 대상 없는 그리움 따위를 어루만지는 일뿐이어서

빈집처럼 말문 닫고 쓸쓸히 바라볼 수밖에 없네

제4부

세 끼 밥 먹으려고

토굴 생활

- 산중설화 46

바람 부는 날의 산보다
바람 없는 산이 더 위험하다

바람 없는 날의 산보다
침묵하는 산이 더 무섭다

인간말짜

– 산중설화 47

내가 잘 아는 나는 '거 누구' 못지않게 성질 참 더럽다. 그래도 참는 데는 둘째 가라면 서럽다. 오밤중에 토사곽란을 만나도 그냥 참는다. 119 부르면 번개같이 달려와서 모셔갈 것이다. 그런데 왜 병원 안 가고 참는가, 묻지 마라. 돈, 돈, 돈, 없는 돈, 그래서 참는다. 참는다는 건 인내의 미덕이다. 용서할 수 있기 때문에 인내하는 것. 첩첩 산골에 들어와 살면서 인내를 배웠고, 용서를 익혔다. 세상을 용서하면서, 살기 위해서라도 용서했다. 용서했다고 생각했는데 아직도 용서 못한 두 가지가 있었다. 첫째는 파리요, 둘째는 모기였다. 사람 못 참게 한다. 못 참는다는 건 용서할 수 없다는 것. 내가 아는 '거 누구'는 저네 고모부를 용서할 수 없어 화염방사기로 뼈도 남기지 않고 거슬러버렸다는 자랑의 말 듣고 나도 F킬라 팍 쏴서 목숨을 거둬주고 나서야 온전히 용서할 수 있었다. 파리에게, 모기에게. '거 누구'는 아직 어려서 그런지 용서 따윈 모르는 모양인데, 나보다 쪼금 더 성질 더러운 인간말짜인 게 분명하다

윤회輪廻

– 산중설화 48

무량억겁 속에
잎은 돋아나고 꽃은 피고
벌레들은 그 잎과 꽃을 먹고
벌레와 그 풀을 짐승들이 먹고
풀과 짐승을 사람들이 먹고
풀과 짐승의 살로 어우러진 사람들
무량억겁이 데려가서
한 포기 풀을 키우고,

동행

– 산중설화 49

언제 끝날지 모르는
백두대간 길이다
영嶺을 넘어도 영이다

지루하고 힘든 산길이지만
마음 주기 나름,
며칠 밤을 함께 한 덕분에
여자 살결같이 보드랍다

산에 안겨서
오르고 내리고
또 오르는 산길은
아무나 즐길 수 있는
열락이 아니다

어루더듬어도 정다워서
꽃 속에 몸 꼬부려 누워 잠든
초승달을 만나도 절로 눈물 나고

옹달샘 물을 마셔도
산 하나 공짜로 음복한 것 같아
부모님 생각도 난다

벌써 정이 들었으니
정인情人이듯 안고 가리라.

모른다

– 산중설화 50

계절이 몇 번이나 바뀌도록
산의 침묵 속에 앉아서
오늘도 산의 말씀을 듣는다

바람과 풀과 새와 풀벌레까지
산에서 사는 것들
말씀 받들어
거역함이 없는데

산을 넘던 구름도
머리 끄덕이며 듣고서는
손 흔들며 가는 몸짓인데

날더러 그것도 모르냐고
비웃는 눈치인데

서당 개 삼년이 되도록
눈 똑바로 뜨고 귀 쫑긋 세워 들었지만
대체 무슨 말인지 아직도 모른다

그래도 다행인 것은
말장난이 아닌 것 같다

바보라, 몰라도 이쯤 모르는 것으로 위안을 삼는다

모른다 2

– 산중설화 51

산에서 사는 법 몰라
욕심을 죽이니 모르는 것 천지다
이 또한 넉넉함이여
차라리 모르는 게 행복이라
살고 죽음이 두렵지 않구나

이 용기도
아는 것보다
모르는 것으로부터 오는 것이니

아지랑이
– 산중설화 52

햇살 도탑게 내린다

흙은 우주의 살피죽,
유체이탈 하느라고 아지랑이 피어오르고
내 혼백 실린 눈빛이 불법으로 탑승하면
거기에는 내 사랑했던 여인의
얼굴이 어룽지는데

나는 누구의 부름으로
여기 이 적막한 능선에서
하릴없이 여자 얼굴이나 더듬어보는 것일까

원한도 무료에 지쳐
해동하는 봄날 아지랑이나 되도록

이름

– 산중설화 53

경주 불국사 돌탑 앞에서 보았다

피가 돌지 않아 숨마저 거둔 지
몇 천 년 저쪽의 돌덩이 앞에서
살아 있는 부모 앞에서보다 더 많은
절하는 사람들 보았다

애초에는 나처럼
이름 없는 돌이었으나
솜씨 좋은 석공을 만나서
죽은 몸일망정 그럴 듯한 이름 얻은 날부터
왕후장상 부럽잖다

오로지 이름 덕분이다

세 끼 밥 먹으려고

– 산중설화 54

지난밤 마신 술
덜 깬 눈으로 아침 산책을 나섰는데
산다화 꽃봉오리 가장자리 따라
이슬방울이 영롱한 옥구슬 같다

혓바닥 위에 올려놓고 굴리고 싶어
혀 내밀고 다가가다 깜짝 놀랐다

세상에나,
세상에나, 이럴 수가…….
앞을 가로막아선 장엄한 태산도
영원불변이라고 믿었던 하늘도
별 게 아니구나

세 끼 밥 먹으려고
아득바득 애쓴 날들이여

바람같이 구름같이

- 산중설화 55

나는
바람같이
구름같이
떠돌았다

밑바닥 인생이라
높은 곳만 바라보며 흘러왔다

풍우風雨는 높은 곳에서
낮은 곳으로 찾아오므로

물망초
- 산중설화 56

비 온다

어제 오늘
그리고 내일

흘러 삼년,

첩첩 산골에 비만 오고 온다

자박자박
발소리만 젖는다

빗소리로 찾아와
귓가에 흐느끼는,

그대

움막 생활

– 산중설화 57

비 왔다 가고,
추녀가 흘린 눈물에 땅 패고,
물 고인 자리에 삼라만상이 모여들고,

해 저물어도 심심하지 않다
흙물이 맑아졌다
맑아진 흙물만큼 밝아진 세상이 되었다

눈 밝은 별을 데리고
반쪽짜리 달이 마실 온다

이명耳鳴

– 산중설화 58

낙타의 귓속에는
물 흐르는 소리가 살고
내 귓속에는 언제부터인가
우주의 소리가 들어와 살고 있다

낙타는 물 흐르는 소리 듣지 못하면
절망해서 숨을 거둔다는데
나 역시 우주의 소리 듣지 못하면
소리의 블랙홀 속으로 빨려 들어가
숨을 놓게 되리라

꽃의 능력

– 산중설화 59

불면의 밤 보내고
새벽으로 오는 이,
누구를 만나러 오시는가

움츠린 가슴을 헤집으며
콧노래처럼 흘리는 향기는
누구를 위한 입김인가

더운 호흡으로
대지를 춤추게 하는 이,

사람도 짐승도 아니라니
저 작은 꽃이라니

내 노래
내 詩는 여기서
남루를 깨쳐야 하리

내 노래
내 시의 정처定處는
여기서부터 다시 터를 잡아야 하리

강산보다 먼저 변한 세상

– 산중설화 60

내 젊었던 때의
우리 집 고함소리는
언제나 내 몫이었다

힘든 세상에게 저주하는 소리
조상님들에게 원망하는 소리
내 자신에게 화풀이하는 소리
급기야 가족에게 분풀이하는 소리

그럴 때마다 이웃들이 들을까봐
기겁하던 아내

그런 세월도 가고
가는 세월에 나도 따라 늙어
이젠 고함지를 힘도 상실한 나이,

내 나이까진 아직도 강산이 한번쯤
변해야 할 아내의 고함소리 커지고

자식들이 들을까봐
염려할 일 없지만
그 고함소리 억누를 힘도 없어
귓등으로 들으며 한숨만 풀풀 내쉰다

강산이 변하려면
아직 세월은 남아 있지만
세상이 먼저 변해 버렸다

연꽃
– 산중설화 61

한때는
부모형제가 있고
사랑이 있고
다정한 이웃이 있었던
폐촌廢村

벽오동 홀로 싱싱한 밤에
봉황처럼 날아와 앉는
보름달,

한 송이 연꽃으로 하얗게 만개한다

배려配慮
- 산중설화 62

혹서기를 맞아
한가한 인간들
피서랍시고 더러 찾아오는 모양이지만
첩첩 산골 내 움막집에는
곡성哭聲*의 귀신이 살고 있을 것만 같은지
사람 그림자 구경 못했는데
마른하늘에도 뜬금없이 무지개 뜨듯
기별 없어 안부 삼아 찾아왔다는
당질 부부,
뒷그림자 사라지기도 전에
동네 어른 한 분께서 소식 듣자 하신다
무슨 호기심이 아니라 외로움 탓이다
말을 듣자는 게 아니라
귀를 빌려주시려는 것이다

* 곡성 : 나홍진 감독의 영화 제목

제5부

파계

달빛 향기

– 산중설화 63

감기 기운이 있어
버너에 찻물 올려놓고 기다렸다

내가 기다린 것은
끓는 찻물이 아니어서
외로움 달이느라고 시간가는 줄 몰랐다

고독한 중천의 달,
그렁그렁 눈물방울이더니
뜨거운 찻물에 빠져 몸부림쳤다

내 마시는 찻잔에서
달빛 향기가 난다
이 세상에 하나뿐인 당신의,
우수의 눈매를 우려낸

그리움 냄새

맨밥 한 술
– 산중설화 64

찬 없는 한 공기의 맨밥
개다리소반 위에 덩그러니 얹혀 있다
아무도 찾아오지 않는 무덤처럼 쓸쓸하다 적막하다
그래도 살아야지, 살기 위하여
한 술의 맨밥을 뜨다말고
한심한 마음 달래려고 눈을 들어 창밖을 바라보니
누가 끓여놓았을까 벌건 육개장 빛 저녁노을
질펀하다 세상을 다 비벼도 남겠다
그리운 사람들 불러 모아 나눠먹어도
저걸 누가 다 먹으랴
미운 이들에게도 한 사발씩 퍼 안겨주고 싶다
맨밥 한 술 위에 노을 한 술, 그 위에 고명으로
적막 한 술 얹는다
내 작은 입으로는 한꺼번에 먹기에는 어림없는 일,
베어먹고 뜯어먹느라고 지체하는데
잦아드는 밥솥에 시꺼먼 깻묵 덩어리 풀어 안치면
춥고 가난한 섣달그믐밤보다 더 어둡던 밥
자꾸만 목에 걸려 눈물 나게 하던 밥 생각나는데

그마저 누가 설거지를 해버렸나
허기진 눈빛만큼 어둔 밤하늘이 밥상 아래 소복하다

어려운 일

– 산중설화 65

산의 고요에 귀를 대면
꽃 피는 소리로 부산하다
하느님도 부처님도 이 소리가 좋아
찾아오시느라고 밤낮 없이 바쁜 모양인데

나는 한번 듣기도 어렵더라

신선놀음

– 산중설화 66

산에서
산과 더불어 사느라고
참 많이 잃고 버린 것 같은데

삼년 세월 동안
겨우 말문을 닫고
글을 멀리 한 것밖에 없구나

말이며 글은 삼라만상 속에 다 있으니
말하고 글 쓸 일이 없어
신선놀음으로 살았구나

눈 내리는 밤에

– 산중설화 67

세상으로 나가는 길 지우면서 밤 깊도록 눈이 내린다
나도 이 밤이 다 가기 전에 길 밖의 세상에 대해서 정리하고 싶은 일 있지만, 게을러서
그냥 밤이나 보내자고, 배도 고프지 않으면서 잊자고 고구마를 먹는다
쉬엄쉬엄 먹는 데도 목이 자꾸만 메인다 이 시린 동치미국물을 마셔도 마찬가지다
홀로 그리움 태우던 촛불이 내 마음 안다는 듯 바람 없이 제풀에 펄럭, 분홍 빛 치맛자락 들었다 내린다
때맞춰 먼 아랫마을에 개 짖는 소리
오고 있을까, 장옷 자락에 눈발 스치는 소리로 오고 있을까

시린 마음 묻어줄 가슴으로

사생결단

– 산중설화 68

한낮의 고요가
경을 외다말고 살핏살핏 조는데

필생의 업을 깨는 일에
사생결단으로 달라붙는 딱따구리

목탁소리

절벽 앞에서

– 산중설화 69

여행이라면 사족 못 쓰는 내가
밤잠 설친 건 당연한 일,
설레는 마음뿐이었겠는가
또 여행이냐고,
마누라 잔소리에 흥분까지 했으니
출발과 함께 잠들어버렸다

어디로 얼마를 달려왔는지,

와, 와, 와, 시원하다, 서늘하다,
왁자한 소리에 부스스 눈뜨고 차에서 내렸다
부신 눈앞을 가로막아 선 게 무언가 싶어
고개 뒤로 젖혀 쳐다보다가

씨팔, 깜짝이야!

누구의 포효일까 나는
몸집도 몸집이지만 호통에 더 놀랐다

순결
– 산중설화 70

산사로 가는 숲길에
초롱꽃이 등을 내다걸었다

저 여린 풀이 이 세상에 와서
처음으로 몸을 열었구나

아아

저것이 순결이다

평생을 두고 사랑하고서도

– 산중설화 71

장맛비 지나간 하늘
누가 쓸었을까
몽당비 자국 선명하다

새사람 맞느라고
바삐 쓴 탓일까
도포자락 바람 일어
비질자국 사이로
별들이 깨알처럼 휘날린다

새아씨 눈썹인가
안개 휘장 둘러쓴 초승달
살폿 내다보다 도로 숨는다

분명 내게 마음 있음이니,
눈이라도 한번 맞춰보려 해도
애써 먼 마을 쪽으로만 바라보고 있어

평생을 두고
사랑하며 살아오고서도
내 마음 자꾸만 섭섭해진다

향기

– 산중설화 72

꽃이 피는데

퍼붓는 비

비에 씻긴 마알간 꽃향기

바람이 업고 달아난다

꽃 지는 소리로 부산한 세상,

향기 없다

파계
- 산중설화 73

도토리 한 알
고요한 산그늘 아래로 굴러가고 있다

호수에 파문 번져가듯 끝없이 여운 지는 우주

듣고 보는 이,
그 가슴인들 온전하랴

선각자

– 산중설화 74

언덕 무너져 길이 되고
길이 무너져 낭떠러지가 된
산길에서 발이 묶였다

낭떠러지 끝 아슬하게 매달린
들국화 한 포기
고고한 향기 뿜어내는 일에 힘쓰는

맨발의 실뿌리들,

옛날 생각난다
목덜미에 실핏줄 툭툭 불거지도록
열변을 토해야 애국자가 되던 시절이

지금 저 들국화는
백척간두의 영토에서
사자후 토하느라고
안간힘 쓰고 있다

저녁노을보다 아름다운 가을이
지금 내 곁에서 조용히 바라보고 있다

기러기 떼
– 산중설화 75

추위가 맹위를 떨치는 소한 무렵
환경문제로 마을·사람들 우르르 군청에 몰려간다

맨 앞에 마을회장, 뒤따라 부회장, 사무국장, 총무, 운영위원장, 감사, 부녀회장과 그 간부들, 청년회장과 그 집행부 요원들, 모두 합쳐 여남은 명, 감투쟁이들의 집합체 같지만 사람으로 살기 위하여 항의하러 가는 길이다

모두 연세들이 만만찮다 추위에 염려스럽다
비분도 강개하게 비장한 표정들이었으나 하늘 높이 날아가는 기러기 떼 울음소리에도 발걸음들 헛디딘다

쯧쯧, 그만 따슨 방에나 계시지.......
지나가는 사람들의 한결같은 시선들

가슴이 시리다 그래도 가야 한다
기러기 떼 앞서 날아가며 쓰고 있는 사람 人자 따라 쓰는 대열로

지금도 있다

– 산중설화 76

적막은 그 어느 것 하나 건드리지 않는다

가만히 바라보고만 있어도 우주는 숨소리마저 삼간다

내게도 그런 사람 있었다

내게도 그런 사람 지금도 있다

자꾸 생각나는

– 산중설화 77

너무 자주 찾아오는 병마의 위세에 지쳐
덧없는 세상 떠나 좋은 곳으로 가고 싶은 욕망이 굴뚝같은데

그때마다

내가 보고 온
푸른 별나라 산중턱 폐가가 자꾸자꾸 생각나는데

내게 전생이 있었고
전생에 내 집이 있었다면
그 집이 아니었을까, 하는 생각에 잠자리를 뒤채는데

그 집을 돌아 나올 때 봤던
제 철을 놓친 국화꽃 때문일까

시들긴 했으나 낙화하지 않았던 국화꽃이 나를
영정 속으로 가둬놓을 것만 같다는 생각에

내게 후생이 있어,
후생에 살아가야 할 내 집일는지 모른다는 생각에
또 잠을 설치는데

이별 그 후
– 산중설화 78

우거진 수풀 속에서 발발 떨고 있는 목련나무 한 그루 업고 와 길렀다

산골에 정착하는 기념으로 거창한 행사 겸해 하얀 장갑 끼고 심은 것은 아니었지만 해를 지나면서 봉긋봉긋 내미는 꽃봉오리를 안 본 사람은 사랑을 모르리라

희디희게 부푸는 젖봉오리에 설레지 않는 가슴이라면 어느 여자가 속살을 보여주겠느냐

고맙다, 이것도 사랑일 터, 그런데

심술 부려 비 오고, 하염없이 울고 있다 얼굴은 외로 틀어 숨겨두고 눈물만 흘러내려 젖가슴을 적시고 있다

떠나온 곳이 그리운가, 그럴 테지.......

나도 그립단다.......

허공
– 산중설화 79

젊어서는 사랑 말고는 할 짓이 없어 사랑했다

늙어지면서 밥 먹는 일 말고는 할 짓이 없어 밥만 먹는다

먹은 밥은 똥으로 나오지만

내가 먹었던 사랑은 어디로 갔을까

거울 앞에서 사랑 먹은 입을 들여다봤다

부끄럼 많은 내 사랑이 숨어 있나

목구멍 너머는 컴컴한 허공이었다

백지 한 장

진정한 시인께 다음 장章을 바친니다

2016. . .

박창주

後記

〈 1 〉

이 시집은 잘 못 태어난 저의 인생처럼 잘 못 출판된 책입니다. 그럼에도 불구하고 폐기하지 못한 것은 순전히 저의 老慾 탓입니다. 먼저 부끄러움을 전해 올립니다.

하늘은 인간을 공평하게 돌본다고 생각합니다.

단언컨대 하늘이 저에게 명예나 재물의 영광을 許與했었더라면 세상은 시끄러웠을 것입니다. 세상이 저의 소유물이나 되는 듯 쥐락펴락하려 했을 것입니다. 제가 좀 배웠더라면, 그래서 좀 아는 게 있었더라면 기고만장했을 것입니다. 하늘은 눈꼴 시린 그런 꼬락서니를 보고 싶지 않았을 것입니다. 그래서 저의 氣를 꺾기 위하여 가난을 무슨 복음처럼, 운명처럼, 적선하듯이 저에게 쏟았던 게 아닐까 생각합니다. 설령 그렇더라도 원망하지 않습니다. 이미 지나온 세월이며 前生이 되었기 때문입니다. 後生을 위하여 감수하는 것은 아닙니다. 제가 말하는 전생과 후생이란 살아 있는 동안을 두고 말하는 것입니다. 죽음 이후의 후생이 있다면 저는 벌써 이승의 삶을 포기했을 것입니다. 한번 뿐인 生이기에 오늘까지 아득바득 살아 왔습니다. 얼마나 고달프고 얼마나 재미있는 삶인지 보고자 했던 것입니다. 어제가 오늘이었고, 저 내일이 오늘임을 알면서도 희망이라는 美名으로 저의 자신을 속이며 살아왔습니다.

저의 운명에 복수하고자 산에 들었던 것은 아니었습니다. 무슨 道나 틔우겠다고 찾아왔거나 세상을 버리기 위해서 찾아온 것도 아니었습니다. 무슨 재미를 찾아서 유람삼아 온 것도 물론 아니었습니다. 변화를 갈구해서였습니다. 비록 고단할지라도 새 세상을 만나고 싶어서였습니다.

저의 산속생활 3년 동안에 거둔 수확은 놀랍게도 無, 또는 無地였습니다. 겨우 몸에 묻힌 거라곤 산골냄새뿐이었습니다. 세상을 끌어안기 위하여 출발했었으나 소망을 이루기에는 너무 힘이 부쳤습니다. 새로운 세상을 만나기란 아득한 꿈이었습니다. 그러나 변화가 없었던 것은 아니었습니다. 재물? 명예? 건강? 아무 소용없는 妄想들이었습니다. 단순한 목숨부지에도 아무 역할도 하지 못했습니다. 학력? 그게 무엇입니까? 배워서 안다면 얼마나 알고 있다는 것입니까? 인간도 우주가 기르는 동식물 중의 한 가지 種에 불과한 것을, 우주의 소모품에 불과한 것을, 우주의 한 호흡에도 미치지 못하는 것을, 어떻게 대단한 존재라고 할 수 있겠습니까.

아무래도 좋습니다. 인생이란 어차피 소모하는 행위일진대, 한 시간을 보내든 하루를 보내든 어떻게 소모할 것인가를 두고 고민하는 것은 허황된 욕망이라고 생각합니다. 어떤 시간도 하나의 소모행위에 불과할 뿐, 생산은 될 수 없다고 생각합니다. 그런 변명으로 시간의 아름다운 소모를 추구하지도 않았습니다. 환락을 꿈꿔본 적도 없었습니다. 환락? 대체 무슨 의미를 갖고 있는 말입니까? 어떤 짐승이 뜯어먹다 남긴 산비둘기 생살 몇 점으로 이틀을 살았던 생활이 환락이라면 이 세상은 지상낙원이겠지요.

시간의 생산을 갈망했거나 소실되는 현상을 저지시키려 했던 것도 아니었습니다. 그런 호사스런 정신병을 앓고 있지도 않았습니다. 어차피 인간은 죽기 위해 오늘을 살아가는 행위를 매일 반복하고 있지 않습니까. 사는 일에 미쳐서 말입니다. 낙오자 될까봐 전전긍긍해 하면서, 남보다 무엇이든 앞서려고 발버둥 치면서.

먹고 먹히는 자연의 법칙대로 살아간다 할지라도 인간은 자연에게 감사해야 합니다.

자연은 저에게 神이었습니다. 자연을 뛰어넘을 수 있는 어떤 과학도 아직 만나보지 못했습니다. 자연을 파괴했을 때 인간에게 주어지는 재앙만으로도 증명해보일 수 있을 것입니다.

한 개의 바위가 그냥 단순한 바위가 아니었습니다. 짐승 들의 집이 되었고 비바람으로부터 저를 보호해 주는 안식처가 되기도 했었습니다. 말라죽은 풀잎들이 이부자리가 되었습니다. 나는 죽어, 그 무엇의 어떤 용도로 쓰일 수 있을까, 생각이 거기에 미쳤을 때 得道라도 한 듯이 온몸에 전율이 왔습니다. 자연 앞에 삼배 올렸습니다.

〈 2 〉

또다시 먼 여행을 떠날 생각입니다. 어느 한 곳에 진득하게 안주하지 못하는 저의 성격 탓입니다. 저에게 다시 이런 생활이 찾아올는지는 모르겠습니다. 설령 마지막 행복이었다고 할지라도 이별에 대해서 후회하지는 않을 것입니다. 세상 어디로 가든 사람은 자연으로부터 벗어날 수 없는 우주의 종속물에 불과하므로 저를 받아줄 자연은 있을 것입니다. 자연이 있고 적막이 있다면, 그것으로 저는 만족할 수 있을 것입니다. 적막의 팽창이 우주의 빅뱅을 불러온다고 생각합니다. 분노의 표출은 아니지만 가슴 속 응어리쯤이야 분출할 수 있으리라 믿습니다.

어쩝니까, 이것도 삶이라면 살아갈 수밖에 없는 일 아닙니까. 어차피 인간만큼 모순투성이가 또 있을까요? 미완성 만큼 제대로 된 완성을 일찍이 본 일이 없습니다. 저의 사 랑이 그러했습니다. 저의 인생에서 가장 치명적인

허점이면서도 가장 행복했던 순간들이었습니다. 그래서 누구의 그리움이 되고자 떠나려는 것은 절대 아닙니다. 누구의 그리움이 될 만한 존재도 되지 못한다는 것도 알고 있습니다.

저의 삶은 슬프게도 아이러니의 연속이었습니다. 살아온 날을 돌아보면 흡사 한 편의 이합체시(離合体詩 : Acrostic)를 보는 것 같습니다. '운명'이라는 글자를 직조해 놓은 것 같은 씁쓸한 기분을 지울 수 없습니다.

제가 떠나려는 여행은 또 다른 자유를 찾아가는 행위쯤으로 보면 될 것입니다. 세상으로부터의 자유, 인간으로부터의 자유, 거기에 욕심을 더하자면 나로부터의 자유까지 더하고 싶지만, 너무 지나친 생각이겠지요. 어쨌든 최대한의 자유를 추구해볼 생각입니다. 有限의 생명 속에서 무한의 세상을 습득하려는 무모한 짓인지도 모르겠습니다. 설령 그럴지라도 시도해 보는 것 자체야 굳이 나쁘다 할 수 있을까요? 실패 이후의 절망감에 대해서 미리 겁먹는 것보다 실행해 보는 만용이라도 부려보고 싶습니다. 변화 없는 삶, 그만 진저리쳐집니다. 죽음 그 이후에나 찾아옴직한 세상에서 탈출을 꿈꾸지 않을 수 없습니다.

문학으로부터의 도피까지 생각하지 않을 수 없습니다. 제대로 된 작품 한 편 없이, 구정물이라도 확실하게 일으켜 보지도 못한 주제에, 무슨 도피니 기피니 할 것까지는 없겠으나, 마침표 정도는 찍어야 도리일 것 같습니다.

〈 3 〉

자연에, 우주에 두루 감사인사 올릴 일 많지만 여기서 끝내는 일도 괜찮겠습니다. 우주는 이미 다 알고 있는 일이므로 더 말하는 것은 蛇足이 될 것입니다

雜文에 불과한 글이지만 시를 쓰는 사람으로는 이미 죽은 목숨이나 다름없어, 저의 祭詞로 가름하고자 합니다.

두루 康寧을 빕니다.

2016. 적막한 가을에

啓泉 朴昌柱 절 올립니다.

거기까지만 보고 왔다

초판1쇄 발행 2016년 9월 21일

지은이 박창주
펴낸이 이길안
펴낸곳 세종출판사

주소 부산광역시 중구 흑교로 71번길 12 (보수동2가)
전화 463－5898, 253－2213~5
팩스 248－4880
전자우편 sjpl@chol.com
출판등록 제02-01-96

ISBN 979-11-5979-066-9 03810

이 도서의 국립중앙도서관 출판시도서목록(cip)은 서지정보유통지원시스템 홈페이지(http://seoji.nl.go.kr)와 국가자료공동목록시스템(http://www.nl.go.kr/kolisnet)에서 이용하실 수 있습니다.(cip2016021545)

정가 10,000원

본 도서는 2016년 부산문화재단 지역문화예술육성지원사업의 일부 자원으로 제작되었습니다.

* 잘못된 책은 교환해 드립니다.